Acesse
www.moderna.com.br/ac/livroportal
e siga as instruções para ter acesso
aos conteúdos exclusivos do
Portal e Livro Digital

CÓDIGO DE ACESSO:
A 00089 PREARTE3E 3 76348

Faça apenas um cadastro. Ele será válido para:

 Moderna   Richmond    SANTILLANA ESPAÑOL

PRESENTE ARTE 3

Rosa Iavelberg
Doutora em Arte-Educação pela Escola de Comunicações e Artes da Universidade de São Paulo. Professora da Faculdade de Educação da Universidade de São Paulo. Atua na formação continuada de professores de Arte.

Tarcísio Tatit Sapienza
Graduado em Arquitetura pela Faculdade de Arquitetura e Urbanismo da Universidade de São Paulo. Artista e arte-educador atuante na produção de materiais educativos e na formação de professores de Arte.

Luciana Mourão Arslan
Doutora em Educação pela Faculdade de Educação da Universidade de São Paulo. Mestre em Artes pelo Instituto de Artes da Universidade Estadual Paulista Júlio de Mesquita Filho (Unesp). Professora do curso de Artes Visuais da Universidade Federal de Uberlândia. Desenvolve pesquisa como artista e professora.

COORDENAÇÃO PEDAGÓGICA
Neuza Sanchez Guelli

3ª edição

© Rosa Iavelberg, Tarcísio Tatit Sapienza,
Luciana Mourão Arslan, 2012

Coordenação editorial: Marisa Martins Sanchez
Edição de texto: Ligia Ricetto, Cristiane Maia
Coordenação de *design* e projetos visuais: Sandra Botelho de Carvalho Homma
Projeto gráfico: Mariza de Souza Porto
Capa: *Criação*: Sandra Botelho de Carvalho Homma
  Produção e direção de arte: Aurélio Camilo
  Ilustrações: Renato Ventura
Coordenação de produção gráfica: André Monteiro, Maria de Lourdes Rodrigues
Coordenação de arte: Maria Lucia Ferreira Couto
Edição de arte: Marcia Nascimento
Ilustrações: Bruna Ishihara, Cecília Esteves, Filipe Rocha, Lucia Brandão
Coordenação de revisão: Elaine C. del Nero
Revisão: Débora A. Silva, Dirce Y. Yamamoto, Luís M. Boa Nova, São Sebastião Serviços Editoriais
Pesquisa iconográfica: Denise Kremer, Etoile Shaw, Leonardo de Sousa Klein, Luciano Baneza Gabarron, Odete Ernestina Pereira
Coordenação de *bureau*: Américo Jesus
Tratamento de imagens: Arleth Rodrigues, Fabio N. Precendo, Pix Art, Rubens M. Rodrigues, Wagner Lima
Pré-impressão: Alexandre Petreca, Everton L. de Oliveira Silva, Hélio P. de Souza Filho, Marcio H. Kamoto
Coordenação de produção industrial: Wilson Aparecido Troque
Impressão e acabamento: EGB-Editora Gráfica Bernardi Ltda.
Lote: 236691

Dados Internacionais de Catalogação na Publicação (CIP)
(Câmara Brasileira do Livro, SP, Brasil)

Iavelberg, Rosa
  Presente arte / Rosa Iavelberg, Tarcísio Tatit Sapienza, Luciana Mourão Arslan ; [coordenação pedagógica Neuza Sanchez Guelli] . — 3. ed. — São Paulo : Moderna, 2012. — (Projeto presente).

  Obra em 5 volumes para alunos do 1º ao 5º ano.
  Bibliografia

  1. Arte (Ensino fundamental) I. Sapienza, Tarcísio Tatit. II. Arslan, Luciana Mourão. III. Guelli, Neuza Sanchez. IV. Título. V. série.

12-02455   CDD-372.5

Índices para catálogo sistemático:
1. Arte : Ensino fundamental   372.5

ISBN 978-85-16-08064-8 (LA)
ISBN 978-85-16-08065-5 (GR)

Reprodução proibida. Art. 184 do Código Penal e Lei 9.610 de 19 de fevereiro de 1998.
Todos os direitos reservados
EDITORA MODERNA LTDA.
Rua Padre Adelino, 758 - Belenzinho
São Paulo - SP - Brasil - CEP 03303-904
Vendas e Atendimento: Tel. (0_ _11) 2602-5510
Fax (0_ _11) 2790-1501
www.moderna.com.br
2018
Impresso no Brasil

1 3 5 7 9 10 8 6 4 2

> Nossa postura corporal pode bem ter a capacidade de expressar algo que seria inexprimível de outro modo.
>
> Rudolf Laban

Cena do espetáculo *Muito é muito pouco*, do Projeto Axé.

Seu livro é assim

Este é o seu livro de Arte.
Veja de que forma ele está organizado.

Abertura

Primeiros contatos
Você vai perceber o que sabe sobre o assunto.

Você sabia?
Você vai conhecer outros textos e descobrir novas ideias e lugares.

Você vai aplicar os conhecimentos estudados, elaborando diversos tipos de trabalhos artísticos.

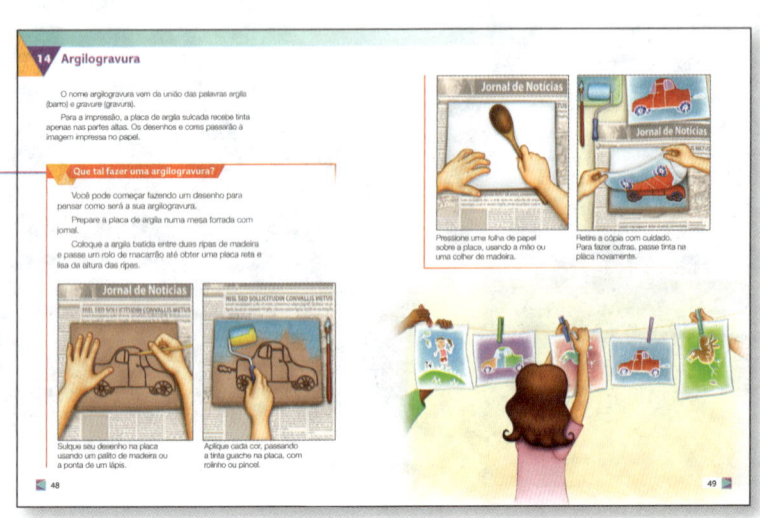

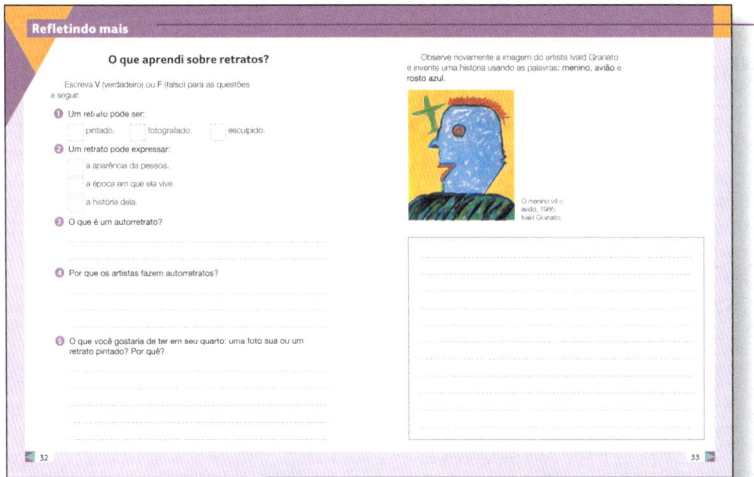

Refletindo mais
Você vai saber mais sobre os assuntos que estudou na unidade.

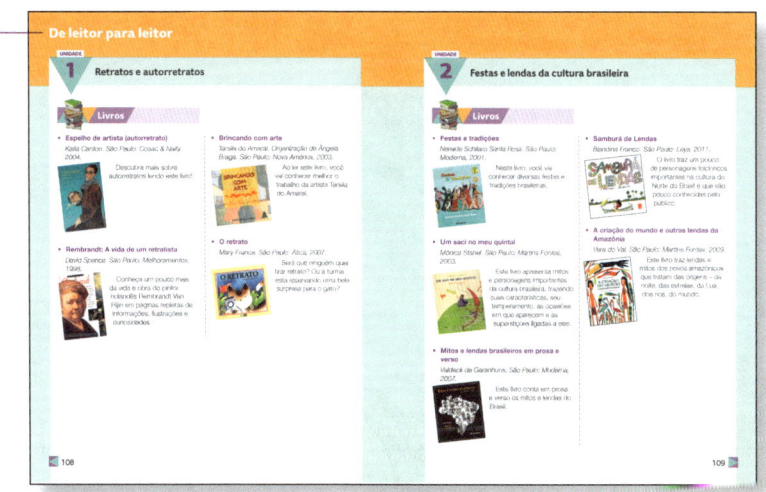

De leitor para leitor
Você vai poder ampliar seus conhecimentos e se entreter com os livros indicados nesta seção.

Neste livro, você vai encontrar ícones que indicarão a forma como serão realizadas as atividades. São eles:

 Atividade oral

 Atividade em grupo

 Atividade em dupla

Sumário

UNIDADE 1
Retratos e autorretratos — 8

Primeiros contatos 8
1. O que é um retrato? 10
2. Cada artista, um retrato 12
3. O retrato inventado 18
4. Vamos posar? 20
5. Retratos de família 23
6. Retrato cantado 26
7. Autorretrato 28
8. Imagens fantásticas 30

Refletindo mais 32

UNIDADE 2
Festas e lendas da cultura brasileira — 34

Primeiros contatos 35
9. Máscaras e festas brasileiras 36
10. O que aconteceu na festa 38
11. Histórias do Carnaval 40
12. Memórias do Carnaval 42
13. Bumba meu boi do Maranhão 46
14. Argilogravura 48
15. Saci-pererê: a lenda de uma perna só 50
16. O Abaporu e a Cuca 55

Refletindo mais 58

UNIDADE 3 — A paisagem — 60

Primeiros contatos 60
17. As mudanças da paisagem 62
18. Pontos de vista 64
19. Planejar uma paisagem 66
20. A paisagem natural e a paisagem construída ... 68
21. Paisagens reais e imaginárias 70
22. Cartões-postais 72
23. A paisagem sonora 74
24. A caixa de paisagem 76
Refletindo mais 78

UNIDADE 4 — Corpo e arte — 80

Primeiros contatos 81
25. Seu corpo é articulado 82
26. Apoios do corpo 84
27. Inventando uma dança 86
28. Esculturas que dançam 90
29. A movimentação do corpo 92
30. O corpo que imita 96
31. Gente que dança 100
32. Corpo, movimento e som 104
Refletindo mais 106

De leitor para leitor 108

UNIDADE 1

Retratos e autorretratos

Frida Kahlo, c. 1939. Foto de Nickolas Muray.

Primeiros contatos

Estas duas imagens retratam a pintora mexicana Frida Kahlo. Uma delas é uma fotografia, a outra é uma pintura.

1. Qual delas é a fotografia?
2. As imagens são parecidas?
3. De qual você gostou mais? Por quê?

8

Autorretrato com colar de espinhos e beija-flor, 1940. Frida Kahlo.

1 O que é um retrato?

Retratos são imagens que representam uma ou mais pessoas por meio de fotografia, pintura, desenho, escultura e gravura.

Você tem muitos retratos?

Compare estes dois retratos de uma mesma pessoa.

Retrato de Mario de Andrade, 1922.
Tarsila do Amaral.

Foto de Mario de Andrade:
"Em casa de Cascudo". Natal, 1929.

▶ **O retrato tem como tema as pessoas**

Você observou bem a diferença entre a fotografia e o retrato pintado de Mario de Andrade?

Escreva uma pequena carta para um colega contando sobre as diferenças entre as duas imagens.

2 Cada artista, um retrato

A imagem da foto abaixo é um retrato de alguém que existe.

Menino papagaio, 1986. Foto de Luiz Braga.

As fotografias de sua família o ajudam a saber como você era quando pequeno e também a conhecer como eram as outras pessoas.

Antes da invenção da máquina fotográfica, as lembranças das pessoas e dos lugares eram pintadas, desenhadas ou esculpidas. Até recortes em papel serviam para representá-las.

Na imagem da pintura a seguir, Portinari pintou um menino.
Será que ele retratou um menino real ou imaginário?

Menino com pipa, 1947. Candido Portinari.

Observe estes retratos.

Don Manuel Osorio Manrique de Zuñiga, 1784-1792. Francisco de Goya.

Julie Manet ou *Criança com gato*, 1887. Pierre Auguste Renoir.

Senhorita Jane Bowles, 1755. Joshua Reynolds.

O príncipe Baltasar Carlos a cavalo, 1635. Diego Rodríguez de Silva y Velázquez.

Muitos pintores retrataram crianças brincando ou com seus animais de estimação.

Dessa forma, temos como saber alguma coisa sobre elas: como eram, as roupas que usavam, a época em que viviam, os brinquedos e as brincadeiras de que gostavam etc.

Observe novamente as imagens ao lado e escolha uma delas para descrever. Comece seu texto de uma das maneiras a seguir:

A menina tem... ou *A menina usa...*

O menino veste... ou *O menino tem...*

Com quem você se parece?

Cante junto com os colegas a música de Jorge Ben Jor. Você pode mudar a letra na hora de responder com quem se parece.

Jorge Ben Jor.

Alô alô, como vai?

Vai vai vai
Vai vai vai
Alô alô, como vai?
Tudo bem
Vai ou fica, ou fica ou vai

Alô alô, como vai?
Alô alô, como vai?
Você se parece com quem?
Com a sua mãe ou com seu pai?
"Com a mamãe"

Alô alô, como vai?
Alô alô, como vai?
Você se parece com quem?
Com a sua mãe ou com seu pai?
"Ô amizade, com a minha progenitora"

Vai vai vai
Vai vai vai
Alô alô, como vai?
Alô alô, como vai?
Você se parece com quem?
Com a sua mãe ou com seu pai?
"Com Papai Noel"

Alô alô, como vai?
Alô alô, como vai?
Você se parece com quem?
Com a sua mãe ou com seu pai?
"Com a minha mãe, e não interessa, tá!"

Vai vai vai
Vai vai vai
Alô alô, como vai?
Tudo bem
Vai ou fica, ou fica ou vai

Alô alô, como vai?
Você se parece com quem?
Com a sua mãe ou com seu pai?
"Alôôô, eu acho que é com o papai"

Vai vai vai
Vai vai vai
Vai vai vai
Vai vai vai

Jorge Ben Jor. *In*: *Alô, alô, como vai?* 1989 © Warner/Chappell Edições Musicais Ltda.

Agora, a partir de uma foto, você vai desenhar ou pintar seu próprio retrato!

- Mostre seu trabalho e veja o dos colegas.

3 O retrato inventado

Atualmente, mesmo com a existência da fotografia, os artistas ainda fazem pinturas de pessoas.

A pintura permite fazer retratos diferentes: expressivos, abstratos, imaginários, deformados. É possível inventar cores, formas e situações que não existem de verdade.

Observe a imagem abaixo. O artista brasileiro Ivald Granato pintou um menino com rosto azul.

O menino vê o avião, 1985. Ivald Granato.

 • **Responda com seus colegas:**

✓ Como são os cabelos do menino?

✓ O que mais vocês veem nessa imagem?

✓ Imagine que hoje você acordou com o rosto azul. Que sonho fez isso acontecer?

Pintar retratos permite transformar o retratado do modo que quisermos!

Invente um retrato diferente!

Experimente pintar ou desenhar o retrato de uma pessoa conhecida de um jeito que ela não é, fazendo algo que nunca faz!

4 Vamos posar?

Qual destas poses você escolheria se um pintor fosse retratá-lo?

Você preferiria ser pintado junto com amigos ou sozinho?

Roda, 1942.
Milton Dacosta.

Futebol, 1935.
Candido
Portinari.

Claude Renoir brincando, 1905. Pierre Auguste Renoir.

Jean Monet em seu cavalo de pau, 1872. Claude Monet.

Já escolheu sua pose?

Agora, escreva um anúncio para ser posto em um jornal, procurando por um artista para contratar.

Ele precisa saber que terá como tarefa retratá-lo na pose da imagem que você escolheu.

Jornal do Bairro
18 de março, página 16

CLASSIFICADOS
EMPREGOS

PINTOR

Precisa-se de pintor de paredes, com prática, para trabalhar em construtora. Enviar currículo com urgência para o *e-mail*: construir@ed.com.

PINTOR

Precisa-se de pintor de móveis, com prática de 5 anos, para trabalhar em indústria moveleira de São Paulo. Marcar entrevista com Paula no tel. 5555-0001.

PINTOR

Precisa-se de pintor de telas, com prática para trabalhar em telas para bordado. Exige-se experiência em pintura de flores e árvores. Entrar em contato pelo *e-mail*: telas&pinturas.cards@negocios.com.

PINTOR

Precisa-se de pintor de automóveis, com prática, para trabalhar em oficina mecânica. Falar com Fulano, horário comercial, no tel. 5555-5459.

5 Retratos de família

Muitos artistas retrataram a própria família, ou outras famílias, por meio de pinturas, desenhos e fotografias.

Retrato de crianças, c. 1875.

Os três filhos mais velhos de Carlos I, 1635. Anthony van Dyck.

Uma família, 1972.
Fernando Botero.

Retrato de família,
c. 1880.

Imagine que você vai conversar com uma das pessoas retratadas nestas imagens. Faça as perguntas que quiser para saber mais sobre ela e a família dela.

6 Retrato cantado

Você sabia que uma canção também pode ser uma forma de retratar alguém?

 Leia a letra da canção e cante com seus colegas.

Luiz Tatit.

O monstro

Era um monstro filho de uma monstra, desses grandes
Deformado, mas até que bonitinho como monstro
É que pra gente, pra gente os padrões são outros
Tinha muito pelo pelo corpo,
Umas manchas esverdeadas
Uns caroços, uns buracos
Mas também o que você pode esperar de um monstro
Muita sensibilidade, isso que importa
Criativo, um devorador de livros de estória
Não gostava de princesa, achava todas horrorosas
Em compensação com os monstros, como se identificava
Então sua mãe selecionava: monstro pra cá, princesa pra lá
E ele achava uma beleza as estórias só de monstros
Mas se pintava uma princesa: — "Ai mamãe que medo!
Tire essa princesa.
Ela deve ter um dente, mãe! Tira!"
Vocês veem que é um monstro tipo mariquinhas pelo jeito
Mas na verdade é a super proteção da mamãe monstra
É que no fundo, no fundo ele bem que gosta: — "Ai mamãe...
Que medo!
Tire essa princesa.
Ela deve ter um dente, mãe! Tira!"

Voz e violão: Luiz Tatit. Voz do monstro: Pedro Mourão.
Sintetizador: Ricardo Brein. *In: Rumo*. 2006 © Cultura Marcas.

Retrate o monstro!

7 Autorretrato

Autorretrato é um retrato que uma pessoa faz de si mesma e pode ser um registro de sua história.

Observe as imagens dos autorretratos que o artista holandês Anthony van Dyck pintou.

Elas representam momentos diferentes da vida dele.

Autorretrato (aos 16 anos), c. 1614. Anthony van Dyck.

Autorretrato com girassol (aos 36 anos), c. 1635. Anthony van Dyck.

Escreva perguntas e respostas sobre os autorretratos.

Observe que as perguntas devem começar com as palavras indicadas.

Pergunta sobre a imagem de 1614:

- *Quem*

- *Resposta:*

Pergunta sobre a imagem de 1635:

- *Quantos*

- *Resposta:*

- Leia suas perguntas e respostas e compartilhe as dos colegas.

8 Imagens fantásticas

No autorretrato, um artista pode se mostrar de muitas formas diferentes, estranhas ou até mesmo engraçadas.

Observe nas imagens a seguir dois exemplos bem diferentes de autorretrato.

Mão com esfera refletora, 1935.
M. C. Escher.

Salvador Dalí como Mona Lisa, 1954. Salvador Dalí. Foto de Philippe Halsman.

Faça um autorretrato fantástico!

Refletindo mais

O que aprendi sobre retratos?

Escreva V (verdadeiro) ou F (falso) para as questões a seguir.

1 Um retrato pode ser:

☐ pintado.   ☐ fotografado.   ☐ esculpido.

2 Um retrato pode expressar:

☐ a aparência da pessoa.

☐ a época em que ela vive.

☐ a história dela.

3 O que é um autorretrato?

_____

_____

4 Por que os artistas fazem autorretratos?

_____

_____

_____

5 O que você gostaria de ter em seu quarto: uma foto sua ou um retrato pintado? Por quê?

_____

_____

_____

_____

Observe novamente a imagem do artista Ivald Granato e invente uma história usando as palavras: **menino**, **avião** e **rosto azul**.

O menino vê o avião, 1985. Ivald Granato.

UNIDADE 2
Festas e lendas da cultura brasileira

Mascarados em pé sobre cavalos, 2009. Festa do Divino, Pirenópolis, GO. Foto de Roberto Faria.

Primeiros contatos

Esta imagem é de uma festa sobre lendas populares, histórias contadas pelo povo.

O Brasil é um país rico em festas populares e lendas.

1 Você conhece alguma lenda?

2 Qual?

9 Máscaras e festas brasileiras

Quantas vezes você já brincou com máscaras?

Observe a imagem ao lado. Pessoas vestem máscaras desse tipo para participar da Festa do Divino da cidade de Pirenópolis, no estado de Goiás.

Elas são feitas de uma mistura de papel com cola e depois pintadas.

Miniaturas de máscaras usadas pelos Curucucus e que são vendidas como lembrança da festa.

- Você acha simpáticas essas caras?
- Gostaria de vestir uma máscara como essas?
- Que cor escolheria?

Veja outras imagens da festa com os Mascarados, ou Curucucus.

Cavaleiros fantasiados e com máscara de boi e de onça. (Cavalhadas – Festa do Divino, Pirenópolis, GO.) Foto de Carlos de Oliveira.

A Festa do Divino é antiga no Brasil. Nela, dois grupos de cavaleiros fantasiados, liderados por seus Reis, brincam de travar uma batalha.

36

Uma semana antes da festa, os cavaleiros passam pela cidade, de casa em casa, acompanhados por uma banda de música, para chamar os participantes para os ensaios.

Os dois grupos se reúnem antes de ensaiar para tomarem juntos um café da manhã reforçado, a "farofa".

Que tal criar um Curucucu?

- Xiii! Esse Curucucu perdeu a cabeça! Você pode desenhá-la?

Desenhe sua máscara

Os cavaleiros observados escolheram a cabeça do boi e da onça como inspiração para suas máscaras.

Qual bicho você vai escolher para sua máscara? De qual festa ela seria?

- Desenhe-a abaixo.

- Escreva o nome de seu personagem: _____
- Escreva o nome da festa: _____

10 O que aconteceu na festa?

Imagine e escreva a seguir uma história que aconteceu com seu personagem mascarado na festa que escolheu para ele ir. Não se esqueça de chamá-lo pelo nome que inventou!

_____
_____
_____
_____
_____
_____
_____

- Junte-se ao grupo da classe para a leitura das histórias.

Quem ouve um conto... desenha!

Enquanto escuta, desenhe os personagens dos colegas.

11 Histórias do Carnaval

O Carnaval é uma festa muito comemorada no Brasil.

Você sabia que também existe Carnaval em outros países?

Cada país tem seu jeito de festejar, veja nas imagens abaixo.

Saída do Afoxé Filhos de Gandhy do Pelourinho, centro histórico de Salvador, no Carnaval de 2009.

Crianças desfilando na terça-feira de Carnaval em Abidjan, Costa do Marfim, 2009.

Carnaval em Veneza, Itália, 2011.

Carnaval em Nova Orleans, Estados Unidos, 2011.

O pintor catalão Joan Miró pintou a tela *O Carnaval do Arlequim*.

O Carnaval do Arlequim, 1924-25. Joan Miró.

Cópia de *O Carnaval do Arlequim* com 7 erros.

- Liste com um colega o que reconhecem na imagem.

- Descubra os 7 erros entre a imagem original e sua cópia.

12 Memórias do Carnaval

Vários artistas escolhem o Carnaval como tema para suas fotos.

Nesta imagem do fotógrafo Pierre Verger, nascido na França, observamos um bloco de foliões se preparando para desfilar nas ruas de Salvador, Bahia.

Afoxé Filhos de Gandhy, 1959. Foto de Pierre Verger.

- Você reparou que eles estão fantasiados com turbantes típicos da Índia?
- O que mais você vê nesta imagem?

Repare nesta outra imagem de Carnaval, de Bina Fonyat.

Rio de Janeiro, Carnaval de 1972. Foto de Bina Fonyat.

- O que você imagina que estas pessoas estão fazendo?
- Compare os desenhos nas camisas dos foliões com o desenho da calçada. Elas são parecidas?
- Você já observou formas como essas na natureza?

A música é um elemento importante na comemoração do Carnaval. E as marchinhas estão entre as músicas mais cantadas nessa festa.

Elas receberam esse nome por terem o ritmo parecido com as marchas militares.

As letras divertidas e fáceis de lembrar contribuíram para sua popularidade.

A primeira marchinha recebeu o título de *Abre alas* e foi composta por Chiquinha Gonzaga, em 1899. Observe uma foto da compositora ao lado.

- Vamos cantar juntos uma marchinha?

Camellia Japonica A'Audusson, 2001. Coral Guest.

A jardineira

Ó jardineira porque estás tão triste
Mas o que foi que te aconteceu?

Foi a camélia que caiu do galho,
Deu dois suspiros e depois morreu.

Vem jardineira, vem meu amor!
Não fiques triste que este mundo
                       é todo teu!
Tu és muito mais bonita
Que a camélia que morreu!

Benedito Lacerda e Humberto Porto.
© 1957 by Mangione, Filhos e Cia. Ltda.

- No lugar onde você vive, quais músicas são cantadas para comemorar o Carnaval?

Minha caixa de memória do Carnaval

Desenhe na caixa de memória como o Carnaval é no local onde você mora. Por exemplo: fantasias, objetos, instrumentos musicais.

Você também pode escrever nela trechos de canções.

13 Bumba meu boi do Maranhão

Você já ouviu falar em Bumba meu boi?

Esta festa popular brasileira inclui representações, músicas e danças que contam a história do roubo de um boi muito bonito.

Leia o texto abaixo junto com os colegas e o professor.

"[...] A festa do Bumba meu boi constitui uma espécie de ópera popular. Basicamente, a história se desenvolve em torno de um rico fazendeiro que tem um boi muito bonito. Esse boi, que inclusive sabe dançar, é roubado por Pai Chico, trabalhador da fazenda, para satisfazer a sua mulher Catirina, que está grávida e sente desejo de comer a língua do boi. O fazendeiro manda os vaqueiros e os índios procurarem o boi. Quando o encontram, ele está doente, e os pajés são chamados para curá-lo. Depois de muitas tentativas, o boi finalmente é curado, e o fazendeiro, ao saber do motivo do roubo, perdoa Pai Chico e Catirina, encerrando a representação com uma grande festa. [...]"

Disponível em: <http://www.brazilsite.com.br/teatro/teat02a.htm>. Acesso em: 15 fev. 2012.

Observe a imagem do Bumba meu boi feita pelo artista brasileiro Candido Portinari.

- Você consegue encontrar nela algum dos personagens mencionados no texto acima?

Bumba meu boi, 1959.
Candido Portinari.

Leia o texto abaixo com os colegas e o professor.

"[...] A música é um elemento fundamental no Bumba meu boi. O canto normalmente é coletivo, acompanhado de matracas, pandeiros, tambores e zabumbas, embora se encontrem, em raros casos, instrumentos mais sofisticados, como trombones, clarinetas, etc.

No Norte e no Nordeste do Brasil ainda se encontram grupos organizados de Bumba meu boi, muitos deles formados por famílias que se esmeram em manter a tradição. As representações não têm época fixa para acontecer, e podem ser feitas para comemorar qualquer acontecimento marcante do lugar."

Disponível em: <http://www.brazilsite.com.br/teatro/teat02a.htm>. Acesso em: 15 fev. 2012.

Observe a imagem do gravurista brasileiro Airton Marinho: ela também representa o Bumba meu boi.

Cazumbá, 2009. Airton Marinho.

- Quem você acha que é a figura principal: o boi ou o homem? Por quê?
- Repare nas roupas dos personagens. Como são os desenhos delas?
- Na imagem, alguém está vestido de boi. Como será a postura do corpo dessa pessoa dentro da fantasia?
- Você pode representar com seu corpo essa postura?

14 Argilogravura

O nome argilogravura vem da união das palavras argila (barro) e *gravure* (gravura).

Para a impressão, a placa de argila sulcada recebe tinta apenas nas partes altas. Os desenhos e cores passarão à imagem impressa no papel.

Que tal fazer uma argilogravura?

Você pode começar fazendo um desenho para pensar como será a sua argilogravura.

Prepare a placa de argila numa mesa forrada com jornal.

Coloque a argila batida entre duas ripas de madeira e passe um rolo de macarrão até obter uma placa reta e lisa da altura das ripas.

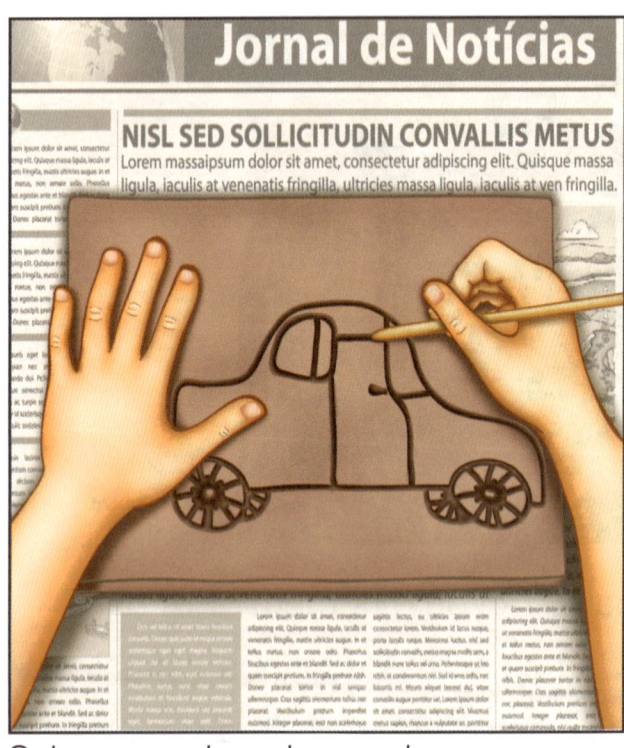

Sulque seu desenho na placa usando um palito de madeira ou a ponta de um lápis.

Aplique cada cor, passando a tinta guache na placa, com rolinho ou pincel.

Pressione uma folha de papel sobre a placa, usando a mão ou uma colher de madeira.

Retire a cópia com cuidado. Para fazer outras, passe tinta na placa novamente.

49

15 Saci-pererê: a lenda de uma perna só

Você já teve algum objeto seu escondido pelo Saci?

Observe abaixo o saci criado pelo desenhista brasileiro Ziraldo para suas histórias em quadrinhos.

- Para onde ele está indo?
- O que ele está pensando?

Desenho gêmeo

Ao lado desse saci, desenhe um saci gêmeo que vai fazer estrepolias com o irmão.

Saci. Turma do Pererê. Ziraldo.

Agora, olhe as imagens e escute com seus colegas o texto que o professor vai ler. Assim, você vai ficar sabendo um pouco mais sobre o Saci.

52

- Ouviu a história? Agora escreva uma lista das coisas que o saci faz.

Pegue e junte

Agora você vai buscar no encarte da página 113 partes de dois sacis para juntá-las aqui.

Invente uma cena onde eles estejam aprontando juntos!

16 O Abaporu e a Cuca

Nossa! Cada nome esquisito! Não é para menos, esses personagens são mesmo bem diferentes!

Os dois foram tema de pinturas da artista brasileira Tarsila do Amaral. Ela pintou *A Cuca* em 1924 e *Abaporu* em 1928.

Tarsila inventou o personagem Abaporu.

- Você já viu alguém parecido com ele?
- O que será que ele está fazendo?
- Quantas mãos e quantos pés ele tem?
- Que tal medir quanto o pé é maior que a cabeça?
- Além do Abaporu, o que mais aparece nessa imagem?
- Com ajuda dos colegas, conte uma história a respeito dessa imagem.

Abaporu, 1928. Tarsila do Amaral.

Quando Tarsila do Amaral era pequena ouviu, na fazenda onde passou a infância, muitas histórias de assombração. Elas marcaram sua imaginação e, quando adulta, pintou personagens fantásticos em seus quadros e depois se deu conta que eles pareciam com os das histórias que ouviu.

Tarsila pintou o quadro *Abaporu* para dar de presente de aniversário ao marido dela, o escritor Oswald de Andrade. Ela escolheu o título consultando um dicionário de língua Tupi: *Aba* significa "homem", e *Poru* significa "aquele que come carne humana"!

O quadro *Abaporu* deu origem ao movimento artístico Antropofagia, que queria afirmar nossa arte, nossas lendas e tradições.

Que história!

Agora é sua vez de inventar um personagem fantástico e contar uma história sobre ele.

Você já ouviu alguma história, assistiu a um filme ou teve um sonho do qual pode tirar um personagem?

_____
_____
_____
_____
_____
_____

- Leia sua história para os colegas.

Outro personagem pintado por Tarsila é a Cuca, tema de lenda e de canções de ninar.

A Cuca, 1924. Tarsila do Amaral.

- Observe a imagem e invente uma história para ela!

A Cuca

_____

_____

_____

_____

_____

_____

- Leia sua história para os colegas.

Refletindo mais

Você viu quantas festas e lendas diferentes existem no Brasil?

Nossa Arte muitas vezes fala delas.

Uma lenda para jogar no *videogame*

Imagine que uma grande indústria de *videogame* vai lançar um novo jogo, baseado em uma lenda ou em uma festa brasileira, e você foi convidado para inventá-lo!

Inspire-se em uma lenda ou festa aprendida nesta unidade para criar o seu jogo de *videogame*, desenhando suas ideias com canetinha ou lápis de cor.

- Qual lenda ou festa será tema do seu jogo?

_____
_____
_____
_____
_____
_____

- O que é preciso fazer para ganhar o jogo?

_____
_____
_____
_____
_____
_____
_____

- Desenhe aqui seus personagens.

- Desenhe aqui um cenário para seu jogo.

- Invente um nome para seu jogo:

  _____

- Pronto! Agora, é só mostrar para seus colegas.

UNIDADE 3

A paisagem

Primeiros contatos

Na arte, paisagens são imagens que representam lugares.

Quantas coisas podemos perceber nesta paisagem pintada por Di Cavalcanti!

1. O que você está vendo?

2. Quais cores o artista usou?

3. Você diria que é de manhã, de tarde ou de noite? Por quê?

Retrato do artista Di Cavalcanti pintando em seu ateliê.

Favela, 1958. Di Cavalcanti.

17 As mudanças da paisagem

Você já viu uma paisagem com cores que mudam ao longo do dia? Cores que se transformam com a luz do sol, da lua e das luzes artificiais?

As três imagens abaixo são de pinturas de um mesmo local em diferentes momentos do dia.

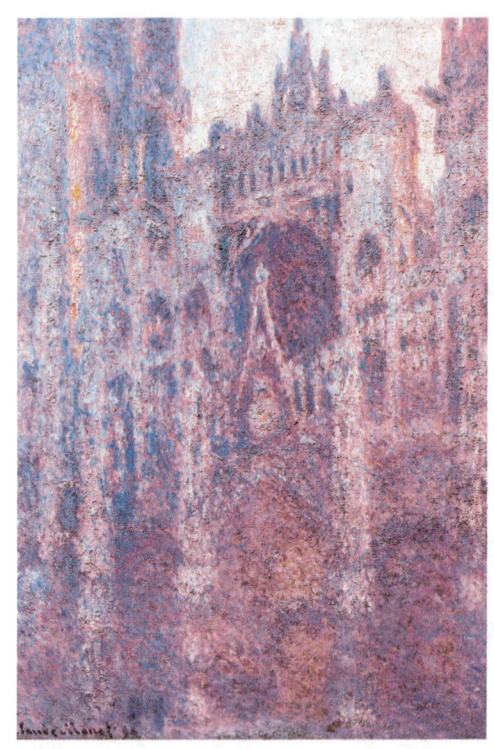

O portal da Catedral de Rouen à luz da manhã, 1894. Claude Monet.

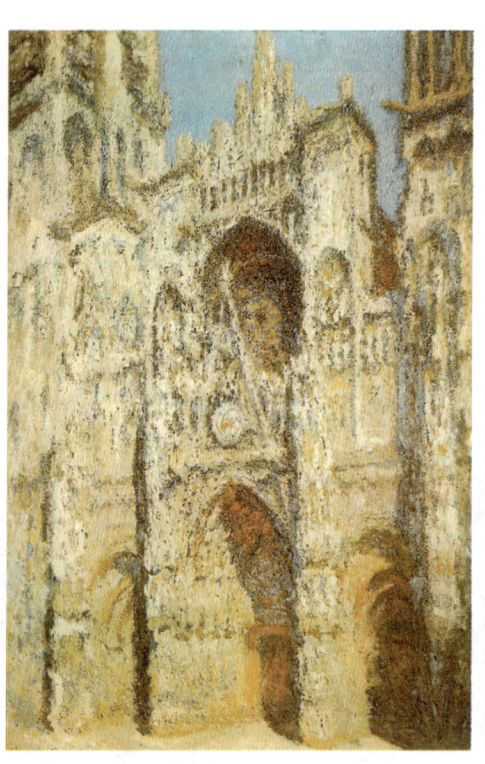

A Catedral de Rouen sob sol pleno, 1893. Claude Monet.

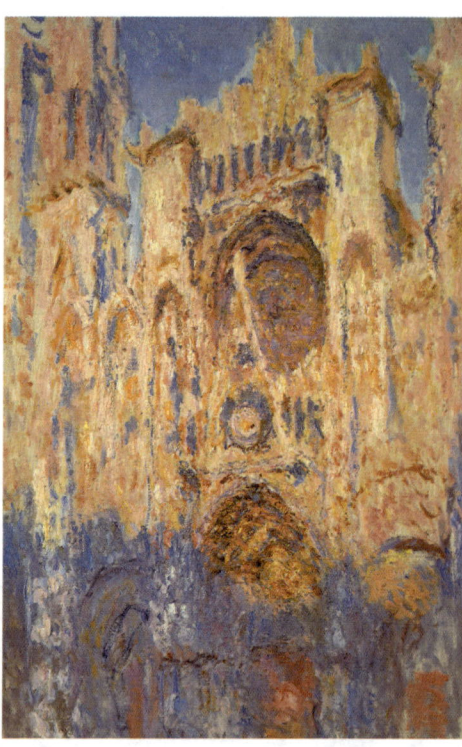

A Catedral de Rouen no final da tarde, 1892. Claude Monet.

Os pintores chamados impressionistas trabalhavam ao ar livre para pintar as impressões que tinham das mudanças que a luz do sol provocava na paisagem.

O primeiro quadro desse tipo foi criado pelo artista francês Claude Monet.

Claude Monet, 1899. Foto de Paul Nadar.

62

O tempo muda a paisagem

Imagine e desenhe como se modifica a paisagem do lugar onde você mora num dia de sol e num dia de chuva.

Canetinha colorida, lápis de cera ou de cor servem para este trabalho.

- Troque seu livro com alguns colegas e observe como cada um desenhou.

18 Pontos de vista

Um mesmo lugar pode ser observado de diferentes pontos de vista. Se você olhar de frente, verá uma vista frontal. Se olhar de cima, como se estivesse num avião, vai ter uma vista aérea.

Observe pontos de vista diferentes de um local.

Teatro Amazonas, em Manaus, visto de: 1. frente; 2. trás; 3. lado; 4. cima.

64

Veja tudo por outro lado!

Que tal desenhar um mesmo lugar de sua escola observado de dois pontos de vista diferentes?

- Troque seu livro com alguns colegas e veja que local foi desenhado e que pontos de vista foram usados.

19 Planejar uma paisagem

Observe esta paisagem criada pelo artista francês Georges Seurat.

Banhistas em Asnières, 1884. Georges Seraut.

Fale sobre a imagem olhando e apontando para ela.

- Onde você vê luz e onde você vê sombra?
- Qual a cor das sombras?
- Quantas pessoas há na cena?
- Essa imagem é uma cena de hoje ou é do passado? Por quê?

Essas imagens são de dois estudos que Seurat fez para planejar a obra da página ao lado. Percebeu as semelhanças?

Estudo para Banhistas em Asnières, 1883. Georges Seurat.

O arco-íris: estudo para Banhistas em Asnières, 1883. Georges Seurat.

Construa sua paisagem!

Construa a sua paisagem sobre este estudo de Seurat para a tela *Banhistas em Asnières*.

Escolha elementos de obras de Seurat no encarte das páginas 121 e 123. Acrescente, com canetinha ou giz de cera, outros como árvores, barcos etc.

67

20 A paisagem natural e a paisagem construída

Você já imaginou como seria a paisagem do lugar onde vive antes de qualquer pessoa habitá-lo?

Observe nas imagens abaixo, criadas a partir do mesmo ponto de vista, a cidade do Rio de Janeiro em 1849 e em 2011.

Rio de Janeiro e seus arredores (do Corcovado), 1849. Alfred Martinet.

Pão de Açúcar visto do Corcovado, 2011, foto de Almir Reis.

- Você preferiria viver próximo à natureza ou em uma cidade grande?

A Avenida Paulista, um símbolo da cidade de São Paulo, também mudou muito desde sua inauguração. Observe e compare as imagens.

Inauguração da Avenida Paulista em 1891. Aquarela de Jules Martin.

Foto da Avenida Paulista, SP, em 2009.

Você pode decidir como esta paisagem vai ser!

Decida como quer transformá-la e assine seu trabalho.

69

21 Paisagens reais e imaginárias

Na opinião de vocês, há diferença entre pintar paisagens que existem e paisagens imaginadas?

Esta imagem, de uma paisagem observada pela artista brasileira Anita Malfatti, representa um lugar que existe.

Veneza, Canaleto, 1924.
Anita Malfatti.

A imagem abaixo mostra uma paisagem imaginada pelo artista brasileiro Luiz Paulo Baravelli.

Construção suburbana, 1985. Luiz Paulo Baravelli.

- O que você vê nesta imagem?

Paisagem imaginária

Imagine e desenhe uma paisagem.

22 Cartões-postais

Você já recebeu um cartão-postal de alguém que estava viajando? Ele tinha a paisagem de algum lugar? Havia algo escrito atrás?

Imagine que você viajou ao Rio de Janeiro e resolveu enviar para alguém este cartão-postal do Pão de Açúcar, um dos símbolos da cidade. Que mensagem você vai escrever?

BRASIL, Rio de Janeiro
Morro do Pão de Açúcar, Avenida Pasteur, 520.
Urca, Rio de Janeiro, RJ.
Foto: Silvestre Machado.

SELO

Invente um cartão-postal para sua cidade!

Agora, cada um deve escolher um lugar especial de sua cidade para ser o tema de um cartão-postal.

Você vai encontrar um cartão-postal em branco no encarte da página 115.

Antes de desenhar e escrever para alguém de sua classe, pense: "Qual paisagem do lugar onde moro poderia ser representada em um cartão-postal?".

- Faça a paisagem na frente e escreva a mensagem no verso.

- Troque o cartão com um colega.

- Monte e cole no espaço abaixo o envelope, que está na página 117. Guarde nele o cartão que recebeu.

- Que tal lerem os textos dos cartões e falar sobre suas imagens?

23 A paisagem sonora

Você já percebeu que os sons também fazem parte da paisagem?

Experimente fechar os olhos durante alguns instantes e prestar atenção em todos os diferentes tipos de som que consegue ouvir.

Os sons de sua escola

Escolha um lugar da escola, vá até ele e escute com atenção os sons desse local.

- Anote a seguir os diferentes tipos de sons que percebeu.

_____

_____

_____

_____

- Represente cada som que anotou, desenhando-os a lápis, com diferentes tipos de linhas: retas, curvas, pequenas, grandes, fortes, fracas…

24 A caixa de paisagem

Os artistas criam muitos tipos de espaço, reais ou imaginários, como: cidades, campos, praias etc.

Nessas paisagens aparecem ou não pessoas, animais ou seres fantásticos.

- Você prefere algum lugar em especial?
- Qual tipo de paisagem você escolheria como tema de um trabalho?

Campo de trigo com corvos, 1890. Vincent Van Gogh.

Olinda, 1974. Francisco Rebolo.

Caixa de paisagem

Você vai construir uma paisagem dentro de uma caixa.

Para poder enxergá-la, retire a tampa e faça uma abertura, cortando um dos lados da caixa.

- Antes de começar, olhe bem para sua caixa e pense em como você vai pintá-la e o que vai colocar nela para construir a paisagem.

- Você pode começar pintando, colando papéis ou desenhando no chão e nas laterais da caixa.

- Depois, pense o que terá na paisagem: bichos, casas, carros, árvores etc. Você pode modelá-los em argila, pintá-los e fixá-los com cola branca no chão da caixa.

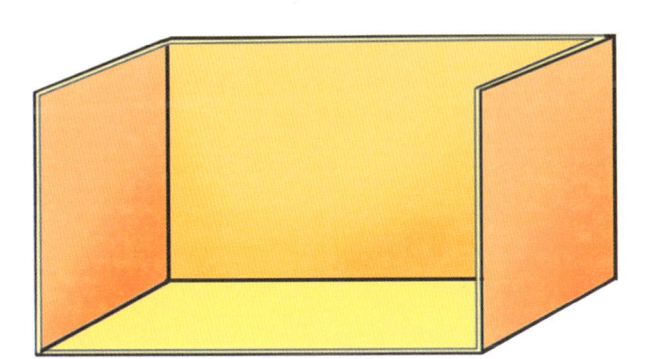

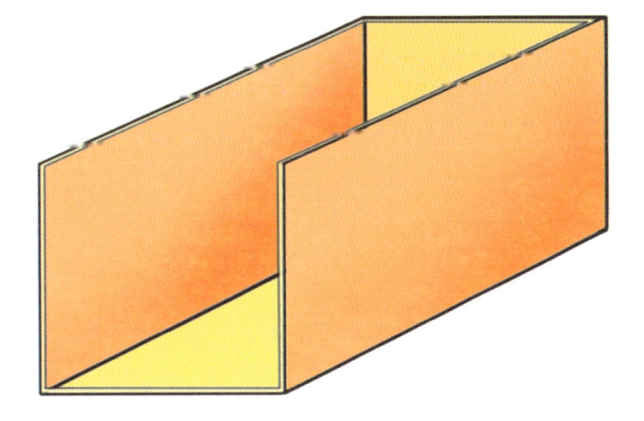

- Façam uma roda com suas paisagens para cada aluno mostrar e contar o que fez!

Refletindo mais

A paisagem do futuro

Desenhe como você imagina que sua cidade será quando você for adulto.

- Troque seu livro com um colega e observe o desenho dele.
- Depois, conversem sobre o que acharam da cidade imaginada pelo outro.
- Escreva sobre duas coisas que você gostaria de mudar em sua cidade para que seja um lugar melhor para viver.

_____
_____
_____
_____

- Leia e ouça com atenção as ideias dos colegas. Escreva abaixo as ideias que você achar que são boas.

_____
_____
_____
_____
_____
_____
_____
_____

UNIDADE 4

Corpo e arte

Grupo Corpo, espetáculo *Santagustin*. 2002. Foto de José Luiz Pederneiras.

Primeiros contatos

Você já parou para observar o corpo humano?

Com nosso corpo inventamos movimentos e ações.

Observe os dançarinos do grupo Corpo.

1 O que eles estão fazendo?

2 Você imagina como eles conseguiram fazer esses movimentos?

25 Seu corpo é articulado

Que tal brincar de boneco e mestre?

Para brincar, forme uma dupla e definam quem vai ser o mestre e quem vai ser o boneco. Depois troquem.

Regras para o mestre	Regras para o boneco
1. Cuidado para não machucar seu colega, desequilibrá-lo ou forçar o corpo dele a fazer um movimento impossível ou que ele não queira!	1. O seu mestre poderá mudar você de posição. Siga as sugestões dele e sinalize ou fale se ele estiver machucando você ou se não quiser ficar em alguma posição.
2. Faça de conta que seu colega é um boneco articulado e brinque de movê-lo.	2. Você deve apenas acompanhar os movimentos sugeridos por seu mestre.
3. Escolha por onde começar a movimentar seu colega. Por exemplo, pelas mãos ou pelos braços.	3. Observe como o movimento de cada parte do corpo afeta o seu equilíbrio.
4. Experimente movimentar o boneco variando a velocidade. Alterne movimentos lentos e rápidos.	4. Procure acompanhar a variação da velocidade dos movimentos propostos pelo mestre.

▶ **As articulações do corpo**

Marque as articulações do corpo na imagem desta criança.

Anote quantas articulações você encontrou: _____

26 Apoios do corpo

Para nos movimentar precisamos de apoios. Podemos nos apoiar: no chão, nas paredes, em móveis, em bengalas, até mesmo em pessoas.

Também podemos usar diferentes partes de nosso corpo para nos apoiar: os pés, para andar ou correr; as mãos, para andar de ponta-cabeça ou fazer alpinismo; as costas, para deitar; ou as nádegas, para sentar.

- De quantas maneiras diferentes você costuma se apoiar?

Diferentes apoios

Que tal experimentar diferentes tipos de apoio? Então, participe do jogo proposto a seguir.

Cruzar a roda!	
1. Forme uma roda com seus colegas. Apenas quatro alunos podem atravessar a roda de um lado ao outro por vez. Cuidado quando for cruzar o caminho de seus companheiros. 2. Cada um precisa inventar jeitos diferentes de usar os pés e as mãos para fazer esse caminho. Escolha se você quer ser gente ou bicho.	3. Uma pessoa idosa pode precisar de três apoios, e um bebê quatro! Se escolheu ser um bicho, pense nos apoios que cada espécie de animal utiliza, por exemplo: cobra, jacaré, macaco, sapo, pássaro. 4. Gostaram? Então, repitam a brincadeira, mas dessa vez todo mundo vai ser gente. A roda será atravessada ao som de uma música. Ela pode ser escolhida e cantada pelo grupo.

- Converse sobre qual animal você mais gostou de imitar.

27 Inventando uma dança

Através da dança podemos experimentar movimentos que não fazemos no dia a dia. Que tal mover o corpo de modo diferente?

Experimente girar o nariz, a orelha, o dedão do pé; juntar os braços ao longo do corpo e girar. Faça movimentos circulares com todas as partes do corpo: perna, punho, quadril.

Como seu corpo reage a cada um desses movimentos?

Anotações para uma coreografia.

Coreografia é o nome dado à arte de compor sequências de movimentos para criar uma dança.

As anotações desenhadas dos movimentos são uma forma de planejar e memorizar as etapas da dança.

Observe na página ao lado e nesta desenhos de movimentos feitos para planejar uma dança.

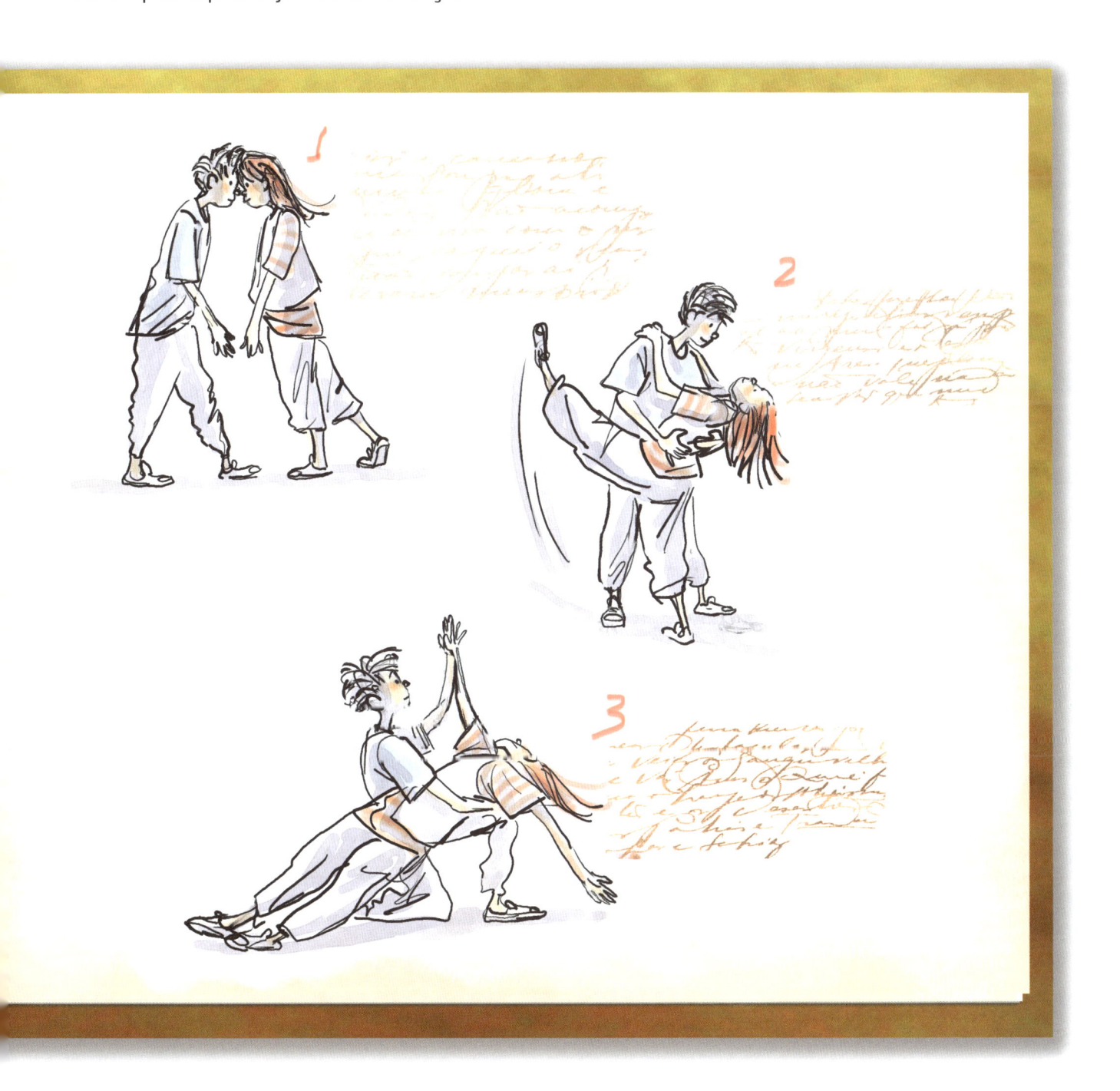

Vamos coreografar!

Você vai se reunir com um colega para criarem uma coreografia com movimentos circulares e outros movimentos que criar.

Escolham sons ou trechos de música para acompanhar os movimentos.

Usem os espaços em branco da imagem de caderno e as linhas abaixo para registrarem suas ideias. Na página ao lado há um roteiro que vai ajudar vocês a planejarem o trabalho.

1. Cada um pode propor um ou dois movimentos para compor uma sequência.

2. Decidam como combinar os movimentos que escolheram para formar uma sequência curta, com começo, meio e fim. Ela pode ser repetida várias vezes.

3. Os movimentos e os sons ou trechos de música podem ser anotados no papel através de desenho e de escrita.

28 Esculturas que dançam

As esculturas são obras de arte que podem ocupar o espaço de diferentes maneiras. Os artistas precisam pensar nos apoios, equilíbrio e peso dos materiais.

As duas imagens abaixo são de esculturas feitas pelo mesmo artista, o francês Edgar Degas.

Terceiro tempo da grande arabesque, 1919-1932. Edgard Degas.

Bailarina de 14 anos, 1880. Edgard Degas.

Observe as diferenças entre elas.

- Qual parece estar mais equilibrada?
- Do que são feitas as bases que apoiam as esculturas?

Monte a escultura

Use os pedaços do encarte, que estão na página 119, para montar sua escultura de bailarina neste jardim, na posição de dança que você quiser!

Depois, desenhe uma base para ela.

29 A movimentação do corpo

Podemos nos movimentar no espaço de muitas maneiras diferentes.

Converse com os colegas sobre essas diferenças.

- Você já prestou atenção em como se move?
- Você acha que as pessoas se movimentam do mesmo jeito para fazer as mesmas coisas?
- Você reconheceria um amigo de costas apenas pelo jeito de ele andar?
- Você já andou devagar como se fosse uma tartaruga ou correu como se fossem uma lebre?
- Já brincou de parar no meio de um movimento como se fosse uma estátua?

Observe os movimentos de *break* nas imagens destas duas páginas.

Grupo de jovens dançando *break*.

Jovens dançando *break*.

Você sabia?

Break

O *break* é um estilo de dança que explora diversos tipos de movimento.

Os primeiros dançarinos de *break* dançavam nas ruas, inventavam e aprendiam passos uns com os outros.

Observe a imagem abaixo e depois escreva um pequeno texto contando o que aconteceu nela.

Desenhe sua história!

Desenhe e escreva nos espaços abaixo alguma história interessante relacionada à movimentação do corpo: pode ser sobre uma queda, um susto ou uma careta estranha!

30 O corpo que imita

Observem as imagens das obras dos pintores Caravaggio e Georges de La Tour nesta página dupla.

- Você encontrou alguma semelhança entre elas?

Trapaceiros, c. 1594. Caravaggio.

Georges de La Tour apreciou a pintura de Caravaggio e inspirou-se nela para criar a sua obra.

Desde bebês aprendemos maneiras de nos movimentar e de fazer expressões observando e copiando outras pessoas.

- Você se lembra de algum movimento que aprendeu a fazer observando outra pessoa?

Imitar gestos e posturas de pessoas a partir de uma fotografia ou pintura pode ser divertido.

Vamos imitar as pessoas destas imagens!

Reúna-se com alguns colegas e escolham qual das cenas vão imitar: a da página anterior ou a desta página.

Não é necessário se fantasiar, o mais importante é imitar as posturas, os gestos e a maneira de olhar.

Trapaça com ás de ouros, 1635.
Georges de La Tour.

Olhamos no espelho todos os dias: para arrumar o cabelo, escovar os dentes, ajeitar a roupa.

Os espelhos e as imagens que eles refletem nos ajudam a saber como estamos.

Observe a imagem abaixo, nela o artista Pablo Picasso retratou um desses momentos em que apreciamos nosso reflexo.

Mulher ao espelho, 1932. Pablo Picasso.

Vamos inventar e copiar movimentos!

Que tal brincar de espelhar o movimento dos outros?

Então, ande pela sala de frente e de costas, com cuidado.

Quando o professor bater palma, pare e vire-se na direção do colega mais próximo.

Você formará uma dupla com esse colega. Um seguirá as instruções da **coluna A** e o outro as da **coluna B.**

Coluna A	Coluna B
1. Você fará gestos esquisitos que serão imitados por seu colega.	**1.** Você será espelho do seu colega. Repita exatamente tudo o que ele fizer.
2. Faça movimentos bem lentos, cada vez mais vagarosos, até parar.	**2.** Continue espelhando seu colega até ele parar.
3. Agora é a sua vez de ser o espelho de seu colega. Siga os movimentos dele até ele parar.	**3.** Você iniciará agora movimentos bem rápidos, que serão espelhados por seu colega.

- Conversem sobre a brincadeira e as diferenças entre propor e imitar movimentos.

31 Gente que dança

No Brasil, há muitos tipos de dança.

Além das danças tradicionais das festas populares, existem diversos grupos e profissionais dedicados à dança.

Foto do espetáculo de dança do Projeto Axé. Espetáculo *Muito é pouco* (2005) no Teatro Castro Alves, Salvador, BA.

Essa imagem é de uma apresentação de dançarinos do Projeto Axé.

O projeto permite que crianças e jovens de comunidades carentes aprendam dança e participem de espetáculos pelo Brasil e no exterior.

Observe nas imagens ao lado e abaixo como a dançarina e coreógrafa brasileira Juliana Moraes usa movimentos e roupas do cotidiano em suas apresentações.

Juliana Moraes no espetáculo *Um corpo do qual se desconfia*. Foto de Paulo César Lima, 2007.

Juliana Moraes e Anderson Gouvêa no espetáculo *2 e 1/2*. Foto de Márcia de Moraes, 2006.

▶ Entrevista

Quer conhecer mais da vida de uma bailarina? Leia a entrevista de Juliana Moraes.

Desde que idade você dança?
Juliana: Desde os seis anos.

É comum começar tão cedo?
Juliana: É comum, mas há grandes bailarinas e bailarinos que começaram mais tarde, com 15 ou 16 anos. O balé clássico geralmente exige que o treinamento comece cedo; já as danças moderna e contemporânea permitem que se comece a dançar um pouco mais tarde.

Como você começou a gostar de dançar?
Juliana: Gostei logo no início. Ainda me lembro da minha primeira aula de dança e até mesmo da camiseta que eu estava usando!

Quantas horas por dia você ensaia para apresentar um espetáculo?
Juliana: Depende de quanto tempo temos para criar o trabalho. O trabalho mais rápido que já criei teve de ficar pronto em seis semanas. Então ensaiávamos até sete horas por dia. Mas não podemos exagerar, pois o corpo tem seus limites e pode se machucar. Descansar é tão importante quanto ensaiar.

Quais são os cuidados fundamentais que uma bailarina tem de ter com o corpo?
Juliana: Tem de se alimentar muito bem, já que o trabalho físico gasta muita energia. Tem que dormir bem também, ser saudável. Além disso, dançar exige disciplina. São muitas horas de aula para treinar o corpo. É importante tomar cuidado para não se machucar, saber dosar as horas de treinamento e não exagerar.

Quais os passos para se tornar um bailarino ou bailarina?
Juliana: Há muitos caminhos. O mais importante é encontrar professores competentes. E como a dança é uma arte, é fundamental que a bailarina ou o bailarino estude muito, leia muito, para conseguir interpretar os papéis das peças tradicionais e criar seus próprios trabalhos. É muito importante que o bailarino ou bailarina seja uma pessoa muito culta.

Entrevista efetuada pelos autores especialmente para esta edição, 2012.

O que a bailarina come?

Em grupo, imaginem qual deve ser a alimentação de uma bailarina.

- Ela deve preferir alimentos naturais ou artificiais?
- Quais alimentos fornecem energia para ela dançar?

Desenhem no prato alimentos que fazem parte da dieta da bailarina.

- Contem para os colegas dos outros grupos que alimentos e bebidas vocês acreditam que uma bailarina usa em sua alimentação.

32 Corpo, movimento e som

Nossos movimentos nos permitem fazer música. Por exemplo, conseguimos produzir sons ao bater com as mãos em diferentes partes do corpo. Essa técnica de produzir sons é chamada de percussão corporal. Experimente!

Os grupos brasileiros Barbatuques e Tiquequê unem em seus trabalhos música, dança e percussão corporal.

O grupo Barbatuques canta ao som de percussão corporal, que usa boca, mãos, pés e corpo para produzir música.

O grupo Tiquequê emprega música, canto, dança, percussão corporal e narração de histórias em suas apresentações.

É hora do *show*!

Reúna-se com mais quatro ou cinco colegas.

Pensem em canções de que gostem e sejam interessantes para usar em uma apresentação para os demais grupos da classe e escolham uma delas.

Verifiquem se todos conhecem a melodia e a letra.

Conversem sobre como juntar, na apresentação, canto, movimentos e sons de percussão corporal.

Façam anotações da coreografia imaginada e ensaiem bastante.

Combinem com o professor o dia da apresentação.

Apreciem o trabalho dos outros grupos com a mesma atenção que esperam que eles tenham com o de vocês.

Refletindo mais

Corpo e arte

Nesta unidade, você estudou diferentes maneiras de criar arte com o corpo.

Faça aqui um desenho onde apareçam duas dessas formas.

A dança

Escolha cinco palavras do quadro abaixo para criar um texto sobre dança.

movimento	som	equilíbrio	arte
corpo	leve	diferente	imitar
pesado	mãos	pés	apoio	bater
ritmo	música	canto	acompanhar

De leitor para leitor

UNIDADE 1 — Retratos e autorretratos

LIVROS

- **Espelho de artista (autorretrato)**

  Katia Canton. São Paulo: Cosac & Naify, 2004.

  Descubra mais sobre autorretratos lendo este livro!

- **Rembrandt: A vida de um retratista**

  David Spence. São Paulo: Melhoramentos, 1998.

  Conheça um pouco mais da vida e obra do pintor holandês Rembrandt Van Rijin em páginas repletas de informações, ilustrações e curiosidades.

- **Brincando com arte**

  Tarsila do Amaral. Organização de Ângela Braga. São Paulo: Nova América, 2003.

  Ao ler este livro, você vai conhecer melhor o trabalho da artista Tarsila do Amaral.

- **O retrato**

  Mary Franca. São Paulo: Ática, 2007.

  Será que ninguém quer tirar retrato? Ou a turma está reservando uma bela surpresa para o gato?

UNIDADE 2
Festas e lendas da cultura brasileira

LIVROS

- **Festas e tradições**
Nereide Schilaro Santa Rosa. São Paulo: Moderna, 2001.

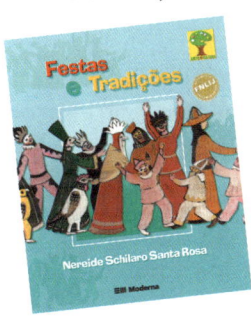

Neste livro, você vai conhecer diversas festas e tradições brasileiras.

- **Um saci no meu quintal**
Mônica Stahel. São Paulo: Martins Fontes, 2003.

Este livro apresenta mitos e personagens importantes da cultura brasileira, trazendo suas características, seu temperamento, as ocasiões em que aparecem e as superstições ligadas a eles.

- **Mitos e lendas brasileiros em prosa e verso**
Valdeck de Garanhuns. São Paulo: Moderna, 2007.

Este livro conta em prosa e verso os mitos e lendas do Brasil.

- **Samburá de Lendas**
Blandina Franco. São Paulo: Leya, 2011.

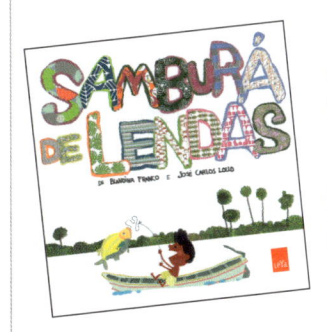

O livro traz um pouco de personagens folclóricos importantes na cultura do Norte do Brasil e que são pouco conhecidas pelo público.

- **A criação do mundo e outras lendas da Amazônia**
Vera do Val. São Paulo: Martins Fontes, 2009.

Este livro traz lendas e mitos dos povos amazônicos que tratam das origens – da noite, das estrelas, da Lua, dos rios, do mundo.

109

De leitor para leitor

UNIDADE 3 — A paisagem

LIVROS

- **Cores — jogos e experiências**

  Ann Forslind. São Paulo: Callis, 1995. 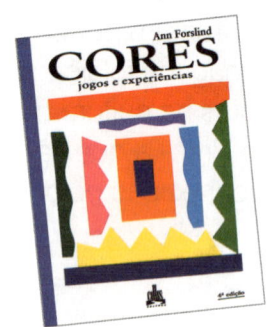

  Este é um livro com jogos para quem quer saber mais sobre as cores.

- **Claude Monet**

  Mike Venezia. São Paulo: Moderna, 1996. (Coleção Mestres das Artes) 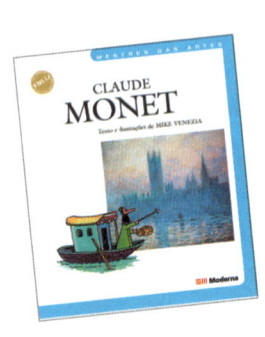

  O livro traz a vida e a obra de Claude Monet, seus desafios e conquistas, apresentando-o ao leitor em um texto completo e atraente, incluindo comentários sobre sua obra e diversas reproduções de obras de arte e charges sobre o artista.

- **Érica e os impressionistas**

  James Mayhew. Tradução de Renata Siqueira Tufano. São Paulo: Moderna: 2002. (Série Érica) 

  Nesta aventura, Érica se envolve com cinco famosas pinturas impressionistas que ganham vida e divertem os pequenos leitores.

- **Tomie: Cerejeiras na noite**

  Ana Miranda. São Paulo: Cia. das Letrinhas, 2006. 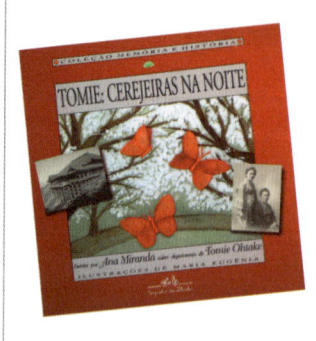

  A artista plástica Tomie Ohtake nasceu no Japão, uma terra com paisagens diversificadas tão atraentes quanto suas histórias e que conhecemos aos poucos neste livro, escrito por Ana Miranda a partir de depoimentos da artista.

UNIDADE 4

Festas e lendas da cultura brasileira

LIVROS

- **O livro da dança**

  Inês Bogéa. São Paulo: Cia. das Letrinhas, 2002.

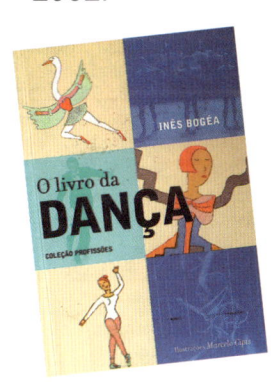

  Este livro conta a história de uma menina que se torna bailarina. Além dessa história, o livro também apresenta ginastas e traz informações sobre balé, coreógrafos, companhias de dança e os maiores bailarinos do Brasil e do mundo.

- **O livro da música**

  Arthur Nestrovski. São Paulo: Cia. das Letrinhas, 2008.

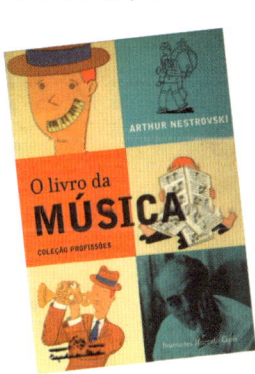

  Um menino vai a um concerto pela primeira vez, levado pelo avô.

- **Escultura**

  Lígia Rego, Ligia Santos, Tati Passos. São Paulo: Moderna, 2008. (Série Conhecendo o ateliê do artista)

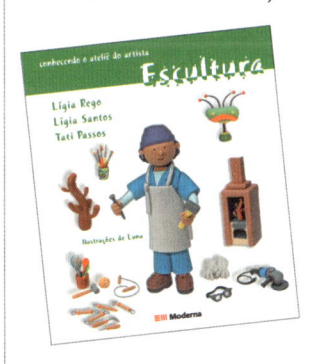

  Neste livro, conhecemos um pouco da obra de quatro importantes escultores e podemos ainda desenvolver habilidades para trabalhar com diferentes materiais relacionados à escultura: argila, bronze, madeira, pedra.

- **O violinista**

  Colin Thompson. São Paulo: Brinque Book, 2004.

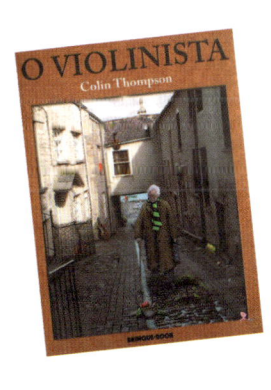

  Todas as noites, na fila para comprar ingressos do teatro, Oscar enche o ar com sua música e com seus sonhos. Até que um dia...

111

Créditos das fotos

(da esquerda para a direita, de cima para baixo)

As imagens identificadas com a sigla CID foram fornecidas pelo Centro de Informação e Documentação da Editora Moderna.

p. 3	Mila Petrillo/Grupo Axé
p. 8/9	Nickolas Muray - International Museum of Photography, Rochester. © 2012 Banco de México, "Fiduciario" en el Fideicomiso relativo a los Museos Diego Rivera y Frida Kahlo. Av. Cinco de Mayo Nº. 2, Col. Centro, Del. Cuauhtémoc 06059, México, D.F. -- Universidade do Texas, Austin.
p. 10	© Carlos Augusto de Andrade Camargo – Instituto de Estudos Brasileiros/Universidade de São Paulo, São Paulo. Fotografia: Rômulo Fialdini/Tarsila do Amaral Empreendimentos – Palácio do Governo do Estado de São Paulo.
p. 12	Luiz Braga.
p. 13	João Candido Portinari/Projeto Portinari – Coleção particular.
p. 14	Metropolitan Museum of Art, Nova York. Museu d'Orsay, Paris. Peter Barritt/Superstock/Glowimages. Museu d'Orsay, Paris.
p. 16	Fotografia: Mônica Imbuzeiro/Agência O Globo.
p. 18	© Ivald Granato/Inarts – Coleção particular.
p. 20	© Alexandre Dacosta - Coleção Gilberto Chateaubriand/MAM, Rio de Janeiro. João Candido Portinari – Coleção Particular, RJ.
p. 21	Museu d'Orsay, Paris. Metropolitan Museum of Art, Nova York.
p. 23	Hulton Archive/Getty Images. The Royal Collection.
p. 24	© Fernando Botero, courtesy Marlborough Gallery, New York. Popperfoto/Getty Images.
p. 26	Gal Oppido/Divulgação.
p. 27	Gemäldegalerie, Viena; Coleção particular.
p. 30	© 2011 The M.C. Escher Company–Holland. All rights reserved. www.mcescher.com; Philippe Halsman/Magnum Photos/Latinstock.
p. 34/35	Fotografia: Roberto Faria.
p. 36	Iandé – Casa das Culturas Indígenas, São Paulo. Fotografia: cortesia de Carlos de Oliveira.
p. 37	Iandé – Casa das Culturas Indígenas, São Paulo.
p. 40	Eduardo Martins/Ag. A Tarde/Folha Imagem. Lux Gnago/Reuters/Latinstock; RoCe/Shutterstock. UPI/A.J. Sisco/Newscom/Glow Images.
p. 41	Albright Knox Art Gallery, Buffalo. Miró, Joan/Licenciado por AUTVIS, Brasil, 2012.
p. 42	Pierre Verger – Fundação Pierre Verger, Salvador.
p. 43	Bina Fonyat – Coleção particular.
p. 44	Acervo Iconographia. © Coral Guest/The Bridgeman Art Library/Grupo Keystone – Coleção particular.
p. 46	Reprodução autorizada por João Candido Portinari – Coleção particular, São Paulo.
p. 47	Cortesia de Airton Marinho – Coleção particular.
p. 50	© Ziraldo.
p. 55	Reprodução: Romulo Fialdini/© Tarsila do Amaral Empreendimentos – Colección Costantini, Buenos Aires.
p. 57	Reprodução: Romulo Fialdini/© Tarsila do Amaral Empreendimentos – Museu de Grenoble, Grenoble.
p. 60	© Dalila Luciana – Arquivo João Condé, RJ.
p. 61	© Dalila Luciana.
p. 62	Reprodução – Galeria Fujikawa, Tóquio. Reprodução – Museu d'Orsay, Paris. Reprodução – Museu Marmottan Monet, Paris. Paul Nadar – Archives Photographiques MAP/CMN, Paris.
p. 64	Marcos André/Opção Brasil. Dorival Moreira/Sambaphoto. Gustavo Magnusson/Agência Estado. João Ramid/Amazonimagebank.
p. 66	The Bridgeman Art Library/Glowimages – National Gallery, Londres.
p. 67	Bridgeman/Glowimages – National Gallery, Londres. Michael Abbey/Visuals Unlimited/Glowimages – National Gallery, Londres. Art Media/Heritage Imagestate/Glowimages – National Gallery, Londres.
p. 68	Reprodução – Museus Castro Maya/Div. de iconografia, Rio de Janeiro. © Cortesia de Almir Reis.
p. 69	Reprodução – Acervo do Museu Paulista da Universidade de São Paulo, São Paulo. Daniel Cymbalista/Pulsar Imagens.
p. 70	© Sylvia R. Sousa – Museu de Arte Brasileira da FAAP, São Paulo.
p. 71	© Luís Paulo Baravelli – Coleção particular, São Paulo.
p. 72	Silvestre Machado/Opção Brasil.
p. 76	Reprodução – Rijksmuseum, Amsterdam. © Lisbeth Ruth Rebollo Gonçalves – Coleção particular.
p. 80	José Luiz Pederneiras/Divulgação.
p. 83	Alexandre Dotta/CID.
p. 90	Reprodução: João L. Musa/Coleção MASP – Museu de Arte de São Paulo Assis Chateaubriand, São Paulo. Reprodução: João L. Musa/Coleção MASP – Museu de Arte de São Paulo Assis Chateaubriand, São Paulo.
p. 92	Andrew Kornylak/Aurora Photos/Alamy/Otherimages.
p. 93	Martin Allinger/Shutterstock. Alexandru Chiriac/Shutterstock. StockbrokerXtra/Glowimages.
p. 94	Everett Collection/Glowimages.
p. 96	Reprodução – Kimbell Art Museum, Forth Worth, Texas.
p. 97	Reprodução – Kimbell Art Museum, Fort Worth, Texas.
p. 99	© Succession Pablo Picasso/Licenciado por AUTVIS, Brasil, 2012 – Moma, Nova York.
p. 100	Mila Petrillo/Projeto Axé.
p. 101	Paulo César Lima/Divulgação. Márcia de Moraes/Divulgação.
p. 102	Juliana Moraes/Divulgação.
p. 103	Sergieiev/Shutterstock.
p. 104	Inaê Coutinho/Barbatuques. Evening Serenade/Barbatuques. Renata Ursaia/Divulgação. Renata Ursaia/Divulgação.

Encarte referente à página 54.

Encarte referente à página 73.

Encarte referente à página 73.

cole

cole

Encarte referente à página 91.

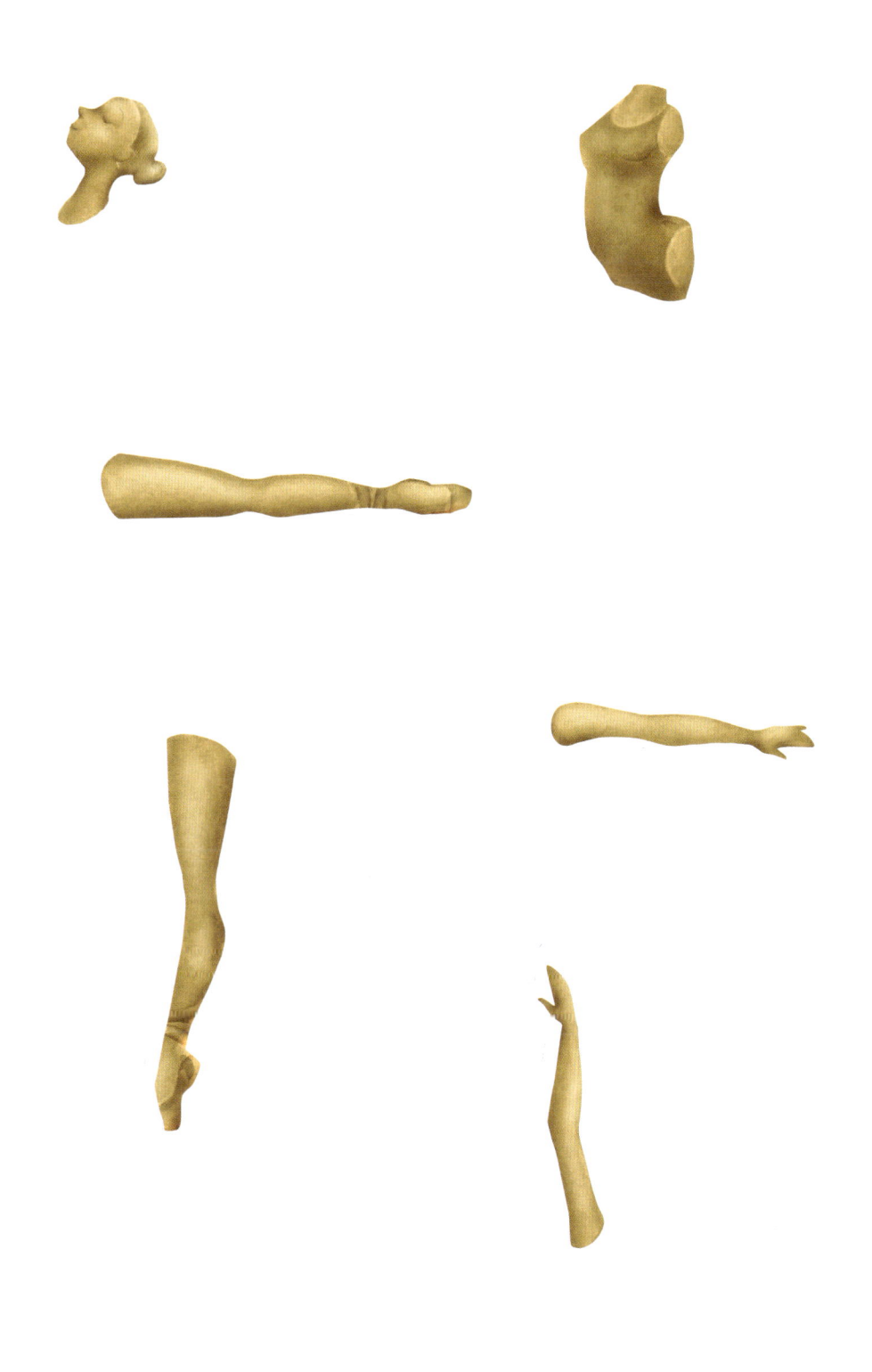

Adesivos referentes à página 67.

Adesivos referentes à página 67.